GRÉGOIRE OSOHA
EMILIA
VALENTE

j'adore

La cuisine portugaise

Photographies : **Amandine Honegger**
Stylisme : **Sylvie Rost**

SOLAR
EDITIONS

L'édito

Lisbonne, Porto, les plages de l'Algarve... le Portugal a le vent en poupe ! Et sa cuisine aussi ! Prolongez le goût des vacances et évitez le blues de la rentrée en vous essayant à la cuisine portugaise.

Dans ce livre, nous vous proposons diverses recettes de la reine morue, star de vos assiettes estivales. Mais nous n'oublierons pas la sardine, le poulpe et les fruits de mer qui auront titillé votre palais tout l'été.

Quand on évoque la cuisine des pays du Sud, on pense fruits et légumes qui ont du goût ! Gorgés de soleil sous le merveilleux climat lusitanien, ils sont l'atout fraîcheur de nos recettes.

Les carnivores trouveront aussi leur bonheur avec des plats de viande classiques, souvent rôtie ou longuement mijotée : le secret d'une viande tendre et goûteuse.

Enfin, pour s'immerger totalement, il n'y a pas que le fond qui compte, il y a aussi la forme. Suivez la tradition du repas portugais : une soupe, suivie d'un plat principal et d'un dessert.

Emilia et moi sommes très heureux de vous initier à la cuisine portugaise, si méconnue. Avec cet ouvrage, nous avons essayé de vous livrer quelques-uns des secrets culinaires de ce pays, tout en y apportant notre touche personnelle. C'est pourquoi nous avons opté pour des recettes classiques, que nous avons souvent revisitées au goût du jour, parfois allégées.

Qui sommes-nous ?

Emilia et moi nous sommes rencontrés dans des conditions particulières. Elle avait 27 ans et moi... quelques jours. Elle travaillait pour mes parents et, pendant toute mon enfance, en revenant de l'école à midi, j'ai éduqué mon palais aux saveurs de ses plats. Puis j'ai grandi et je me suis rendu à Manigoto, le village portugais où elle a vécu. J'ai alors compris que la cuisine d'Emilia s'inscrivait dans une tradition familiale très forte. J'ai aussi profité de ce voyage pour parcourir les autres régions du Portugal et j'ai découvert un pays à la gastronomie riche et variée.

j'adore...

La recette en or de l'invité
DA ROSA

Pastéis de Nata Da Rosa

POUR 21 PASTÉIS

Préparation : 15 min

Cuisson : 10 min

Repos : 10 min

450 g de farine
200 g de sucre en poudre
25 g de Maïzena®
10 g de cannelle + 1 pincée pour servir
1 œuf + 5 jaunes
500 ml de lait entier
2 pâtes feuilletées
1 citron

Pressez le citron. Séparez le blanc des jaunes de 5 œufs. Préchauffez le four à 220 °C

Réalisez un sirop : faites chauffer 110 ml d'eau, le jus du citron, le sucre et la cannelle jusqu'à frémissement. Dès que le sucre est fondu, retirez du feu. Laissez refroidir à température ambiante. Dans un saladier, versez la farine et la Maïzena®, puis ajoutez peu à peu un tiers du lait froid. Portez le reste du lait à ébullition, puis incorporez-y le mélange lait-farine-Maïzena®. Remuez ensuite à feu doux pendant 5 minutes pour épaissir la préparation. Retirez du feu. Incorporez doucement le sirop. Enfin, ajoutez l'œuf entier et les jaunes en fouettant.

Étalez les pâtes feuilletées. À l'aide d'un emporte-pièce, découpez des ronds de pâte de 8 cm de diamètre environ et disposez-les dans des petits moules à tartelette. Garnissez-les de la préparation. Enfournez pour 10 minutes.

Laissez reposer 10 minutes à température ambiante, puis démoulez et déposez les pastéis sur une assiette à dessert. Saupoudrez de cannelle à côté ou sur les pastéis. Dégustez !

da rosa
épicerie - cantine

www.darosa.fr

Avec plusieurs adresses à Paris, **José Da Rosa** a développé le concept de cantine-épicerie. Chaque lieu propose une cuisine basée sur des produits d'excellence, mettant à l'honneur les saveurs du terroir gastronomique du Portugal mais aussi d'Espagne et d'Italie.

... la cuisine portugaise : pour commencer

La recette de base pas à pas : dessalage de la morue

Trempage : 24 h

Filets de morue salée

Lavez les filets de morue à l'eau claire. *(step 1)*

Placez les filets dans une grande bassine d'eau froide. *(step 2)*

Changez l'eau trois ou quatre fois en l'espace de 24 heures. *(step 3)*

… les entrées/ petiscos

Rissóis de Camarão
Beignets de crevettes

POUR 12 BEIGNETS

Préparation : 50 min

Cuisson : 30 min

Pour la pâte

200 g de farine

2 cuil. à soupe de beurre fondu

1 pincée de sel

Pour la garniture

400 g de crevettes cuites

2 jaunes d'œufs

1 botte de persil

2 cuil. à soupe de farine

2 cuil. à soupe d'huile d'olive

1 pincée de sel

1 pincée de poivre

Pour la cuisson

2 œufs

100 g de chapelure

Farine pour le plan de travail

Huile de tournesol

Élaborez la pâte. Dans une casserole, mélangez 40 cl d'eau, le beurre fondu et le sel, puis portez à ébullition. Ajoutez la farine et mélangez en continu, à feu doux, jusqu'à ce que la pâte devienne compacte et qu'elle se détache facilement des parois de la casserole. Enlevez la pâte du feu, formez une boule et réservez-la.

Préparez la garniture. Décortiquez les crevettes. Rincez, essorez et hachez le persil. Dans une casserole, versez l'huile d'olive, puis la farine. Remuez constamment à feu doux et ajoutez 5 cl d'eau petit à petit. Ajoutez les jaunes d'œufs, le sel et le poivre et continuez à mélanger jusqu'à l'obtention d'une consistance lisse et homogène. Retirez du feu, ajoutez les crevettes décortiquées et le persil haché.

Procédez à l'assemblage et à la cuisson. Farinez le plan de travail et étalez la pâte avec un rouleau à pâtisserie. Découpez des cercles à l'aide d'un emporte-pièce. Déposez au milieu de chaque cercle 1 cuillerée à soupe de garniture et refermez les beignets en veillant à bien appuyer sur les bords. Battez les œufs dans un bol. Trempez-y les beignets et enrobez-les de chapelure.

Faites chauffer dans une poêle un fond d'huile de tournesol. Lorsque celle-ci est bien chaude, déposez-y les beignets et faites-les frire d'un côté, puis de l'autre. Retirez les beignets lorsque leur couleur est bien dorée.

Servez avec une salade verte fraîche et croquante.

Le conseil d'Emilia

Pour limiter l'apport d'huile, déposez les beignets sitôt cuits sur du papier absorbant.

Empadas de Beringela
Chaussons aux aubergines

POUR 12 CHAUSSONS

Préparation : 40 min

Réfrigération : 1 h

Cuisson : 1 h

Pour la pâte

200 g de farine

200 g de beurre

100 g de Maïzena®

1 jaune d'œuf

1 pincée de sel

Pour la garniture

4 aubergines moyennes

400 g de fromage de brebis crémeux

1 boîte de tomates concassées

1 boîte de maïs

1 oignon

2 gousses d'ail

20 cl de lait

1 cuil. à soupe d'huile d'olive

Mélangez dans un saladier la farine, la Maïzena®, le jaune d'œuf et le beurre avec le sel jusqu'à l'obtention d'une pâte lisse et homogène. Réservez au réfrigérateur pendant 1 heure.

Épluchez et émincez l'oignon et l'ail et faites-les revenir dans une poêle avec l'huile d'olive. Découpez les aubergines en cubes et faites-les rissoler avec les oignons et l'ail pendant 5 minutes tout en remuant. Ajoutez les tomates à la préparation et faites mijoter pendant 10 minutes. Ajoutez le maïs, le lait et laissez cuire jusqu'à l'évaporation du liquide. Hors du feu, incorporez le fromage de brebis à la préparation.

Préchauffez le four à 90 °C (th. 3).

Divisez la pâte en 12 morceaux et étalez-les. Placez au milieu de la pâte 1 cuillerée à soupe de garniture et refermez la pâte pour former des chaussons. Enfournez et laissez cuire 30 minutes.

Le conseil d'Emilia

Si vous avez une épicerie portugaise près de chez vous, achetez-y du fromage "minas" pour réaliser cette recette dans les règles de l'art.

Salada de polvo
Salade de poulpe

POUR 4 PERSONNES

Préparation : 15 min

Cuisson : 20 min

Repos : 45 min

1 poulpe de 500 g
6 échalotes
2 gousses d'ail
1 botte de persil
Gros sel

Pour la vinaigrette

2 cuil. à soupe d'huile d'olive
1 cuil. à soupe de vinaigre de vin rouge
1 pincée de sel
1 pincée de poivre

Portez une casserole d'eau à ébullition, puis plongez-y le poulpe ainsi qu'une petite poignée de gros sel. Au bout de 20 minutes, égouttez le poulpe et réservez-le pendant 45 minutes. Lorsque le poulpe est froid, coupez-le en morceaux.

Épluchez et coupez les échalotes et les gousses d'ail en lamelles. Hachez le persil.

Mélangez les morceaux de poulpe avec les échalotes, l'ail et le persil puis assaisonnez avec la vinaigrette.

Le conseil d'Emilia

Pour vous assurer de la bonne cuisson du poulpe, vous pouvez plonger dans l'eau, en début de cuisson, une petite pomme de terre. Lorsque la pomme de terre est fondante, le poulpe est cuit.

Crème de tomate

POUR 4 PERSONNES

Préparation : 20 min

Cuisson : 35 min

2 kg de tomates mûres
1 pomme de terre
2 oignons
1 gousse d'ail
1 botte de coriandre
1 cuil. à café de paprika
1 cuil. à soupe d'huile d'olive

Épluchez et hachez la pomme de terre, les oignons et l'ail, puis faites-les revenir dans une casserole avec l'huile d'olive pendant 5 minutes.

Pelez les tomates et découpez-les en cubes. Ajoutez les tomates et le paprika à la préparation, puis recouvrez le tout d'eau.

Laissez mijoter à feu doux et à découvert pendant 20 minutes.

Hachez la coriandre, ajoutez-la à la préparation, puis laissez mijoter pendant 10 minutes. Mixez à l'aide d'un robot plongeant.

Le conseil d'Emilia

Pour obtenir un résultat plus consistant, vous pouvez tout à fait épépiner les tomates avant de les mélanger au reste de la préparation.

Salada de moelas
Salade de gésiers

POUR 4 PERSONNES

Préparation : 20 min

Cuisson : 50 min

300 g de gésiers

200 g de mâche

1 laitue

1 oignon

1 échalote

1 poignée de tomates cerises

1 cuil. à soupe d'huile d'olive

Pour la vinaigrette

2 cuil. à soupe d'huile d'olive

1 cuil. à soupe de vinaigre balsamique

1 pincée de sel

Portez à ébullition une casserole d'eau puis, hors du feu, mettez-y les gésiers pendant 5 minutes. Égouttez les gésiers et enlevez la fine particule blanche qui les entoure.

Plongez les gésiers dans une casserole d'eau froide, portez à ébullition et faites cuire à feu moyen pendant 35 minutes. Pour contrôler la cuisson, plantez une fourchette dans les gésiers : ils doivent être tendres.

Épluchez et émincez l'oignon et l'échalote, puis faites-les revenir dans l'huile d'olive. Ajoutez les gésiers et laissez cuire pendant 5 minutes.

Lavez les feuilles de laitue et de mâche, puis essorez-les.

Disposez la laitue et la mâche dans un saladier et arrosez de vinaigrette. Ajoutez-y les gésiers avec l'oignon et l'échalote ainsi que les tomates cerises coupées en deux.

Le conseil d'Emilia

Traditionnellement, cette recette se prépare avec des gésiers de poulet mais elle est aussi délicieuse avec des gésiers de canard.

Pimentos no forno
Poivrons au four

POUR 4 PERSONNES

Préparation : 15 min

Repos : 10 min

Cuisson : 20 min

2 poivrons rouges

2 poivrons jaunes

2 cuil. à soupe d'huile d'olive

1 cuil. à soupe de moutarde

1 cuil. à soupe de vinaigre de vin rouge

Préchauffez le four à 200 °C (th. 6-7).

Enfournez les poivrons et faites-les griller pendant 20 minutes. Sortez les poivrons du four, entourez-les de papier journal et laissez reposer 10 minutes.

Épluchez les poivrons, enlevez les graines et découpez la chair en lamelles dans le sens de la longueur.

Battez dans un saladier la moutarde avec le vinaigre, puis ajoutez l'huile d'olive et mélangez le tout. Ajoutez les poivrons à la sauce et mélangez de nouveau.

Le conseil d'Emilia

Ajoutez quelques graines de pavot à cette recette.
Elles ont des vertus apaisantes et améliorent les capacités du système nerveux.

Salada de feijão frade
Salade de doliques

POUR 5 PERSONNES

Préparation : 10 min

Trempage : 10 h

Cuisson : 20 min

500 g de doliques

1 boîte d'anchois

1 poignée d'olives noires

4 petits oignons

1 botte de persil

Pour la vinaigrette

2 cuil. à soupe d'huile d'olive

1 cuil. à soupe de vinaigre de vin rouge

1 pincée de sel

Trempez les doliques pendant 10 heures, puis faites-les cuire dans une casserole d'eau bouillante pendant 20 minutes.

Hachez les oignons et le persil.

Mélangez les doliques égouttés, les oignons, le persil, les anchois et les olives. Arrosez de vinaigrette.

Le conseil d'Emilia

Ajoutez quelques graines de lin écrasées à cette recette. Elles sont riches en oméga-3 et oméga-6 et contribuent à améliorer le système cardio-vasculaire.

Amêijoas salteadas
Casserole de palourdes

POUR 4 PERSONNES

Préparation : 20 min

Trempage : 1 h

Cuisson : 25 min

1 kg de palourdes
1 boîte de tomates concassées
6 oignons
3 gousses d'ail
2 cuil. à soupe de farine
1 botte de persil
1 botte de coriandre
1 feuille de laurier
1 cuil. à café de paprika
20 cl de vin blanc
1 cuil. à soupe d'huile d'olive
1 pincée de poivre
Gros sel

Faites tremper les palourdes dans de l'eau froide avec du gros sel pendant 1 heure. Cette opération a pour but de faire dégorger les palourdes du sable qu'elles peuvent contenir. Rincez les palourdes, puis égouttez-les.

Épluchez les oignons, coupez-les en lamelles et faites-les revenir dans l'huile d'olive, dans une casserole. Ajoutez le paprika, le poivre, les gousses d'ail non épluchées, le persil et la coriandre hachés, le laurier, les tomates concassées et le vin blanc. Ajoutez la farine pour faire épaissir la préparation.

Faites cuire à feu vif en remuant constamment pendant 5 minutes, puis diminuez le feu et laissez cuire 5 minutes. Lorsque la partie liquide s'est évaporée, déposez délicatement les palourdes sur la préparation et faites cuire à couvert et à feu doux jusqu'à ce que les palourdes s'ouvrent (10 minutes environ).

Servez les coquillages dans des assiettes creuses et arrosez-les de sauce.

Le conseil d'Emilia

Si le poissonnier n'a pas de palourdes, des coques peuvent aussi faire l'affaire !

Mousse de sardine

POUR 4 PERSONNES

Préparation : 10 min

Repos : 1 h

2 boîtes de sardines
20 g de beurre
Le jus de 1 citron
6 olives noires dénoyautées
3 branches de coriandre
1 cuil. à café de paprika
5 cl de porto blanc

Pour servir

4 tranches de pain de seigle

Hachez les olives et la coriandre.

Écrasez les sardines avec le beurre à l'aide d'une fourchette.

Mélangez cette préparation avec les olives, la coriandre, le paprika, le jus de citron et le porto.

Tassez la préparation dans une terrine et faites reposer 1 heure.

Étalez la mousse sur le pain grillé et dégustez !

Le conseil d'Emilia

Sortez le beurre du réfrigérateur 15 minutes avant de commencer la recette. Il s'incorporera d'autant mieux à la sardine !

Pimentos na sertã
Poivrons poêlés

POUR 4 PERSONNES

Préparation : 10 min

Cuisson : 10 min

1 poivron rouge

1 poivron vert

2 gousses d'ail

1 cuil. à soupe d'huile d'olive

Pour la vinaigrette

2 cuil. à soupe d'huile d'olive

1 cuil. à soupe de vinaigre balsamique

1 pincée de sel

Épluchez les gousses d'ail, découpez-les en deux, enlevez le germe.

Épépinez les poivrons, découpez-les en petits cubes, puis faites-les revenir dans l'huile d'olive pendant 5 minutes. Hachez l'ail et ajoutez-le aux poivrons, puis laissez cuire 5 minutes.

Arrosez de vinaigrette et servez chaud.

Le conseil d'Emilia

Ajoutez quelques graines de sésame à cette recette au moment de la cuisson des poivrons. Celles-ci ont des vertus antioxydantes.

... la morue/ bacalhau

Salada de grão de bico e bacalhau
Salade de morue aux pois chiches

POUR 5 PERSONNES

Préparation : 15 min

Trempage : 10 h

Repos : 30 min

Cuisson : 30 min

500 g de pois chiches

250 g de morue dessalée

3 petits oignons

1 botte de coriandre

Pour la vinaigrette

2 cuil. à soupe d'huile d'olive

1 cuil. à soupe de vinaigre de vin rouge

1 pincée de sel

Laissez tremper les pois chiches dans de l'eau pendant 10 heures.

Faites cuire les pois chiches dans de l'eau dans une grande casserole pendant 25 minutes, égouttez-les et réservez-les durant 30 minutes.

Plongez la morue dans une casserole d'eau froide, portez à ébullition et laissez cuire 5 minutes. Égouttez-la et réservez-la.

Épluchez les oignons et découpez-les en lamelles. Hachez la coriandre et émiettez la morue en prenant soin d'enlever les arêtes.

Mélangez le tout et assaisonnez avec la vinaigrette.

Le conseil d'Emilia

Pour faciliter la digestion des pois chiches, ajoutez une pincée de bicarbonate de soude dans l'eau au moment de la cuisson.

Pastéis de Bacalhau
Acras de morue

POUR 30 ACRAS
Préparation : 35 min
Cuisson : 10 min

500 g de morue dessalée
250 g de farine
25 cl de lait
2 œufs
3 échalotes
1 botte de persil
1 botte de ciboulette
1 sachet de levure chimique
1 pincée de poivre
Huile de tournesol pour la friture

Plongez la morue dans une casserole d'eau froide, portez à ébullition et laissez cuire 5 minutes.

Égouttez la morue et émiettez-la dans un saladier en prenant soin d'enlever les arêtes. Ajoutez-y les échalotes épluchées et émincées, le persil et la ciboulette hachés ainsi que du poivre.

Battez les œufs dans un bol. Mélangez dans un grand saladier la farine et la levure, puis faites un puits au milieu. Déposez-y les œufs battus et le lait. Fouettez la préparation jusqu'à l'obtention d'une pâte sans grumeaux.

Mélangez cette pâte avec la première préparation et confectionnez des petites boulettes.

Faites chauffer dans une poêle un fond d'huile de tournesol. Lorsque celle-ci est bien chaude, déposez-y les acras.

Retirez les acras lorsque leur couleur est bien dorée.

Le conseil d'Emilia

Si vous souhaitez donner un goût plus corsé aux acras, n'hésitez pas à ajouter une belle pincée de piment à la pâte avant la cuisson.

Cataplana de morue

POUR 5 PERSONNES

Préparation : 25 min

Cuisson : 50 min

800 g de morue dessalée
200 g de moules
200 g de gambas
400 g de pommes de terre
1 boîte de tomates concassées
1 poivron rouge
1 poivron vert
2 oignons
4 gousses d'ail
1 botte de coriandre
1 botte de persil
20 cl de vin blanc
1 cuil. à soupe d'huile d'olive
1 pincée de sel
Piri-piri ou Tabasco®

Épluchez et découpez les oignons et l'ail en lamelles, puis faites-les revenir avec l'huile d'olive dans une casserole en fonte ou en terre cuite.

Épluchez et découpez les pommes de terre en rondelles et déposez-les sur les oignons. Coupez la morue en lamelles et déposez-la sur les pommes de terre. Épépinez et découpez les poivrons en lamelles et déposez-les sur la morue. Ajoutez la coriandre et le persil hachés, puis quelques gouttes de piri-piri (ou à défaut de Tabasco®), les tomates concassées, le vin, le sel et 20 cl d'eau.

Laissez cuire à couvert et à feu moyen pendant 40 minutes. Ajoutez les moules et les gambas et poursuivez la cuisson pendant 5 minutes.

Le conseil d'Emilia

La véritable cataplana se cuisine dans une... cataplana.
Il s'agit d'un récipient typique de l'Algarve.
Pensez à vous en équiper si vous visitez la région !

Bacalhau com couve
Morue au chou

POUR 6 PERSONNES

Préparation : 25 min

Cuisson : 30 min

600 g de morue dessalée
1 chou pommé
6 petites pommes de terre
6 œufs
3 petits oignons
4 gousses d'ail
Le jus de 2 citrons
1 botte de persil
1 cuil. à soupe d'huile d'olive
1 pincée de sel
1 pincée de poivre

Plongez dans une grande casserole d'eau froide la morue, les pommes de terre et les feuilles du chou. Portez à ébullition et laissez cuire à feu doux et à découvert pendant 20 minutes.

Déposez les œufs au fond de la casserole, à l'aide d'une cuillère, et laissez-les cuire 10 minutes.

Pendant ce temps, épluchez et émincez les oignons et l'ail, puis hachez le persil.

Récupérez les œufs, égouttez la morue et les légumes. Passez-les sous l'eau froide et ôtez les coquilles.

Déposez dans un plat la morue au centre, puis les œufs et les légumes autour. Assaisonnez avec l'oignon, l'ail, le persil, du sel, du poivre, l'huile d'olive et le jus de citron.

Le conseil d'Emilia

Adoptez la tradition portugaise et consommez ce plat la veille de Noël. Le 25 décembre à midi, on déguste le Farrapo Velho ("guenilles"), concocté à partir des restes de cette recette.

Morue à Brás

POUR 4 PERSONNES

Préparation : 25 min

Cuisson : 30 min

500 g de morue dessalée
500 g de panais
5 œufs
1 poignée d'olives noires dénoyautées
2 oignons
2 gousses d'ail
1 botte de persil
2 feuilles de laurier
1 cuil. à soupe d'huile d'olive
1 pincée de sel
1 pincée de poivre

Plongez la morue dans une casserole d'eau froide, portez à ébullition et laissez cuire 5 minutes, puis égouttez-la.

Faites revenir dans une casserole les oignons épluchés et coupés en rondelle dans l'huile d'olive. Ajoutez les gousses d'ail épluchées et hachées ainsi que les feuilles de laurier et la morue coupée en lamelles, en prenant soin d'enlever les arêtes.

Préchauffez le four à 190 °C (th. 6-7).

Épluchez les panais et découpez-les en allumettes. Déposez les frites de panais sur une plaque recouverte de papier cuisson, enfournez et laissez cuire 10 minutes. Ajoutez les frites à la préparation précédente.

Battez dans un bol les œufs avec le sel et le poivre, puis versez le contenu sur le mélange. Hachez le persil.

Laissez cuire 10 minutes, puis garnissez le plat d'olives et de persil haché.

Le conseil d'Emilia

La morue à Brás est généralement servie avec des frites de pomme de terre. Pour une version allégée, choisissez le panais !

Gratin de morue

POUR 5 PERSONNES

Préparation : 30 min

Cuisson : 1 h 05

600 g de morue dessalée
800 g de patates douces
1 poivron vert
1 poivron rouge
1 oignon
1 gousse d'ail
2 œufs
20 cl de crème fraîche
15 cl de vin blanc
1 cuil. à soupe d'huile d'olive
1 pincée de sel
1 pincée de poivre
1 noix de beurre (pour le moule)

Pelez les patates douces, découpez-les en rondelles et placez-les dans une casserole d'eau froide. Allumez le feu et comptez 20 minutes de cuisson à partir de l'ébullition.

Plongez la morue dans une casserole d'eau froide, portez à ébullition et laissez cuire 5 minutes.

Égouttez la morue et émiettez-la dans un saladier en prenant soin d'enlever les arêtes, puis réservez-la au frais.

Épluchez et émincez l'oignon et l'ail et faites-les revenir dans l'huile d'olive. Ajoutez-y les poivrons épépinés et découpés en cubes, puis la morue émiettée. Laissez cuire pendant 10 minutes.

Préchauffez le four à 190 °C (th. 6-7).

Beurrez un plat et déposez-y les patates douces, puis la préparation précédente. Battez les œufs avec la crème fraîche, le vin blanc, le sel et le poivre et versez ce mélange dans le plat. Faites cuire au four pendant 25 minutes.

Le conseil d'Emilia

Pour un repas vraiment équilibré, complétez cette assiette avec du brocolis cuit à la vapeur qui se marie parfaitement avec le gratin.

Morue au lait de coco

POUR 5 PERSONNES

Préparation : 30 min

Cuisson : 55 min

1 kg de morue dessalée
500 cl de lait de coco
2 pommes de terre
1 poireau
1 oignon
2 gousses d'ail
1 œuf
60 g de parmesan
1 botte de coriandre
1 cuil. à soupe d'huile d'olive
1 pincée de sel

Épluchez les pommes de terre, découpez-les en cubes et placez-les dans une casserole d'eau froide. Comptez une cuisson de 15 minutes à partir de l'ébullition.

Plongez la morue dans une casserole d'eau froide, portez à ébullition et laissez cuire 5 minutes. Égouttez la morue et découpez-la en lamelles.

Épluchez et émincez l'oignon et l'ail, puis faites-les revenir dans l'huile d'olive avec le poireau lavé et découpé en rondelles. Ajoutez-y la morue et laissez cuire 5 minutes.

Mélangez cette préparation aux pommes de terre égouttées, à la coriandre hachée et au lait de coco.

Préchauffez le four à 190 °C (th. 6-7).

Battez dans un bol l'œuf avec le sel et le parmesan, et versez le contenu sur la préparation précédente. Déposez le tout dans un plat, enfournez et laissez cuire 30 minutes.

Le conseil d'Emilia

Une petite salade verte accompagnera parfaitement ce plat.

… les classiques

Carapaus
Chinchards

POUR 4 PERSONNES

Préparation : 10 min

Marinade : 1 h

Cuisson : 45 min

1 kg de chinchards, vidés et écaillés

2 oignons

1 botte de persil

1 feuille de laurier

1 cuil. à soupe de paprika

20 cl de vin blanc

1 cuil. à soupe d'huile d'olive

1 pincée de sel

1 pincée de poivre

Faites des entailles en biais le long des deux côtés des chinchards et disposez-les ensuite dans un plat allant au four.

Recouvrez les chinchards de sel, de poivre, de paprika, de persil grossièrement haché, des oignons épluchés et émincés et de la feuille de laurier. Arrosez de vin blanc, d'huile d'olive et de 20 cl d'eau et laissez mariner pendant 1 heure.

Préchauffez le four à 210 °C (th. 7), puis enfournez le plat.

Attendez que la marinade commence à bouillir (15 minutes environ), puis baissez la température à 160 °C (th. 5-6) et laissez cuire 30 minutes.

Dégustez dès la sortie du four.

Le conseil d'Emilia

Mets très consommé au Portugal, le chinchard n'est pas un poisson très connu en France. Si vous n'en trouvez pas, vous pouvez le remplacer par du maquereau.

Caldo verde
Soupe au chou

POUR 4 PERSONNES

Préparation : 20 min

Cuisson : 25 min

500 g de chou kale
500 g de pommes de terre
1 oignon
2 gousses d'ail
1 cuil. à soupe d'huile d'olive
1 pincée de sel

Pelez et coupez les pommes de terre en quatre. Épluchez l'oignon et coupez-le en quatre. Épluchez les gousses d'ail, coupez-les en deux et enlevez le germe.

Plongez les pommes de terre, l'oignon et l'ail dans de l'eau froide salée, puis portez le tout à ébullition et laissez cuire 20 minutes environ. Lorsque les pommes de terre sont fondantes, mixez la préparation.

Coupez le chou en fines lamelles et mélangez-les à la soupe.

Ajoutez l'huile d'olive et laissez cuire 5 minutes à feu doux.

Le conseil d'Emilia

Traditionnellement, les Portugais ajoutent du chorizo à cette soupe au chou. Mais pour une version végétarienne et allégée, on peut s'en passer !

Sopa de feijão branco
Soupe de haricots blancs

POUR 4 PERSONNES

Préparation : 15 min

Trempage : 10 h

Cuisson : 1 h 10

200 g de haricots blancs
200 g de carottes
200 g de pommes de terre
300 g d'épinards
1 cuil. à soupe d'huile d'olive
1 pincée de sel

Faites tremper les haricots blancs dans de l'eau pendant 10 heures.

Mettez ensuite les haricots dans une casserole d'eau froide salée, portez à ébullition et laissez cuire pendant 30 minutes.

Épluchez les carottes et les pommes de terre, puis coupez-les en quatre. Plongez les carottes, les pommes de terre et la moitié des haricots dans une casserole d'eau froide salée, puis portez le tout à ébullition et laissez cuire 30 minutes environ.

Attendez que les pommes de terre soient fondantes, puis mixez la préparation. Ajoutez le reste des haricots, les épinards, l'huile d'olive, puis laissez cuire à feu doux pendant 10 minutes.

Le conseil d'Emilia

Pour apporter encore plus de parfum à cette soupe, ajoutez de la menthe fraîche en fin de cuisson.

Salada de bacon e pêssego
Salade de lard fumé aux pêches

POUR 4 PERSONNES

Préparation : 10 min

Cuisson : 5 min

1 laitue
150 g de roquette
4 tranches de lard cru
2 pêches
1 filet d'huile d'olive
1 filet de vinaigre balsamique

Épluchez, dénoyautez et détaillez les pêches en lamelles.

Faites dorer dans une poêle le lard fumé ainsi que les morceaux de pêche.

Lavez les feuilles de laitue et la roquette.

Mélangez le tout dans un grand saladier, puis assaisonnez avec l'huile d'olive et le vinaigre balsamique.

Le conseil d'Emilia

Cette recette est également excellente avec des figues.

Borrego com vinho do Porto
Agneau au porto

POUR 5 PERSONNES

Préparation : 10 min

Marinade : 4 h

Cuisson : 1 h 45

1 kg d'épaule d'agneau
20 cl de porto blanc
25 cl de bière blonde
2 oignons
2 gousses d'ail
1 feuille de laurier
1 cuil. à soupe d'huile d'olive
1 pincée de sel
1 pincée de poivre

Disposez l'épaule d'agneau dans un plat.

Recouvrez-la avec le porto, ajoutez l'ail non épluché, le laurier, le sel et le poivre et l'huile d'olive.

Laissez mariner pendant 4 heures.

Préchauffez le four à 190 °C (th. 6-7).

Épluchez et découpez les oignons en lamelles. Placez les oignons, puis l'agneau ainsi que la marinade dans un plat allant au four et couvrez de papier d'aluminium. Enfournez et faites cuire pendant 1 heure.

Sortez le plat du four, enlevez la feuille d'aluminium, arrosez de bière et enfournez de nouveau pour 45 minutes.

Le conseil d'Emilia

Pour un repas équilibré, vous pouvez compléter cette assiette avec quelques fleurettes de chou-fleur cuites très légèrement à la vapeur pour garder leur consistance croquante.

Arroz de marisco
Riz aux fruits de mer

POUR 4 PERSONNES

Préparation : 25 min

Trempage : 1 h

Cuisson : 25 min

240 g de riz
400 g de moules
400 g de palourdes
400 g de crevettes cuites
3 pinces de crabe cuites
1 boîte de tomates concassées
2 oignons
3 gousses d'ail
1 botte de coriandre
2 feuilles de laurier
10 cl de vin blanc
1 cuil. à soupe d'huile d'olive
1 pincée de sel
1 pincée de poivre
Gros sel

Faites tremper les moules et les palourdes dans de l'eau froide avec du gros sel pendant 1 heure. Cette opération a pour but de faire dégorger les moules et les palourdes du sable qu'elles peuvent contenir.

Rincez les moules et les palourdes, puis égouttez-les. Épluchez et hachez les oignons et les gousses d'ail.

Faites revenir dans une grande casserole les oignons, l'ail, le laurier et les tomates concassées dans l'huile d'olive. Laissez mijoter 5 minutes environ. Ajoutez le riz, laissez mijoter 5 minutes, puis ajoutez le vin blanc. Remuez la préparation, puis recouvrez-la d'eau bouillante.

Attendez que le riz ait absorbé l'eau, puis ajoutez les fruits de mer. La cuisson est terminée lorsque les moules et les palourdes se sont ouvertes.

Assaisonnez avec du sel et du poivre, puis saupoudrez le plat de coriandre hachée avant de servir.

Le conseil d'Emilia

Lors de la cuisson du riz, veillez à ce que toute l'eau ne soit pas absorbée et que la préparation reste ainsi un peu humide. La consistance n'en sera que meilleure !

Poulpe à lagareiro

POUR 5 PERSONNES

Préparation : 30 min

Cuisson : 1 h 05

1 poulpe de 1,5 kg

750 g de petites pommes de terre

1 poivron vert

1 poignée d'olives noires

1 oignon

5 gousses d'ail

1 botte de persil

1 botte de coriandre

1 cuil. à soupe d'huile d'olive

1 cuil. à soupe de vinaigre balsamique

1 pincée de poivre

Gros sel

Portez une casserole d'eau à ébullition, puis plongez-y le poulpe ainsi qu'une petite poignée de gros sel. Au bout de 20 minutes, égouttez le poulpe et réservez-le.

Faites cuire pendant 20 minutes les pommes de terre dans de l'eau froide salée portée à ébullition.

Préchauffez le four à 200 °C (th. 6-7).

Versez l'huile d'olive dans un grand plat allant au four, puis ajoutez les gousses d'ail épluchées et écrasées, le poivron vert coupé en cubes et l'oignon épluché et émincé. Enfournez pour 15 minutes.

Retirez le plat du four et ajoutez le poulpe coupé en morceaux, le vinaigre, le poivre, le persil et la coriandre hachés.

Replacez le plat au four pendant 10 minutes. Dégustez avec quelques olives noires et les pommes de terre.

Le conseil d'Emilia

Le poulpe frais préparé chez le poissonnier est prêt à la cuisson. Mais si vous voulez le rendre encore plus tendre, vous pouvez le congeler pendant 24 heures et le faire décongeler lentement avant de vous attaquer à la recette.

Canard "escondido"

POUR 5 PERSONNES

Préparation : 35 min

Cuisson : 1 h 25

1 canard
400 g de riz basmati
2 oignons
3 gousses d'ail
1 botte de persil
1 botte de menthe
1 cuil. à soupe d'huile d'olive
1 pincée de Poivre
Gros sel
1 noix de beurre (pour le moule)

Déposez le canard, la menthe, le persil et du gros sel dans une grande casserole. Faites cuire à feu moyen pendant 45 minutes.

Égouttez le canard en prenant soin de garder le bouillon de cuisson. Désossez le canard, retirez la peau et découpez la chair en aiguillettes.

Faites cuire dans le bouillon de cuisson le riz pendant 15 minutes. Dans une poêle, faites revenir les oignons et l'ail épluchés et émincés dans l'huile d'olive. Ajoutez les aiguillettes de canard avec un peu de poivre et laissez cuire pendant 10 minutes.

Préchauffez le four à 200 °C (th. 6-7).

Beurrez un plat à gratin et déposez-y une couche de riz, puis une couche de canard et recouvrez d'une autre couche de riz.

Enfournez pendant 15 minutes.

Le conseil d'Emilia

Pour vérifier la cuisson du canard, assurez-vous que la chair se détache facilement des os.

Porc à l'alentejana

POUR 5 PERSONNES

Préparation : 20 min

Marinade : 3 h

Trempage : 1 h

Cuisson : 25 min

600 g d'échine de porc

600 g de palourdes

2 gousses d'ail

2 cuil. à soupe de pâte de poivron rouge

1 cuil. à café de curcuma moulu

1 cuil. à café de gingembre moulu

1 botte de coriandre

1 feuille de laurier

20 cl de vin blanc

1 pincée de poivre

Gros sel

Mélangez dans un saladier le porc coupé en cubes, la pâte de poivron, l'ail épluché et émincé, les épices, le laurier et le vin blanc. Laissez mariner pendant 3 heures.

Faites tremper les palourdes dans de l'eau froide avec du gros sel pendant 1 heure. Cette opération a pour but de faire dégorger les palourdes du sable qu'elles peuvent contenir. Rincez les palourdes, puis égouttez-les.

Faites rissoler dans une casserole la marinade avec le porc pendant 15 minutes. Ajoutez les palourdes et laissez cuire à feu doux jusqu'à ce que les palourdes s'ouvrent (10 minutes environ).

Le conseil d'Emilia

Cette recette originaire de la région de l'Alentejo se déguste traditionnellement avec des pommes de terre rissolées. Pour une version allégée, préférez des carottes Vichy !

Cozido à portuguesa
Pot-au-feu portugais

POUR 5 PERSONNES

Préparation : 15 min

Cuisson : 2 h 30

400 g de morceaux de bœuf à bouillir

300 g de morceaux de poitrine fumée

200 g de morceaux d'épaule de veau

1 chorizo

5 pommes de terre

5 carottes

5 navets

1 chou vert

4 piments doux rouges ou verts

1 pincée de sel

Faites cuire dans une grande casserole les morceaux de viande recouverts d'eau pendant 2 heures, puis réservez les viandes en prenant soin de garder le bouillon de cuisson.

Lavez et épluchez les pommes de terre, les carottes et les navets. Effeuillez le chou.

Faites cuire tous les légumes dans le bouillon de cuisson des viandes pendant 25 minutes, auquel vous aurez ajouté le sel et les piments. Additionnez les viandes et faites cuire le tout pendant 5 minutes.

Servez la préparation dans des assiettes creuses à l'aide d'une louche.

Le conseil d'Emilia

Les viandes ne cuisent pas toutes à la même vitesse. Le bœuf met généralement plus de temps à cuire que les autres types de viande. Le mieux est d'ôter les morceaux au fur et à mesure après avoir vérifié la cuisson avec une fourchette : si elle s'enfonce facilement, la viande est cuite.

... les desserts/ sobremesas

Salame de chocolate
"Salami" au chocolat

POUR 1 SALAMI

Préparation : 20 min

Cuisson : 5 min

Repos : 15 min

Réfrigération : 2 h

150 g de chocolat
150 g de biscuits "petit-beurre"
150 g de beurre
100 g de sucre
1 jaune d'œuf

Faites fondre le chocolat et le beurre au bain-marie. Ajoutez le sucre, puis le jaune d'œuf préalablement battu à cette préparation. Mélangez bien.

Écrasez les biscuits à l'aide d'un pilon et incorporez-les à la préparation.

Laissez refroidir pendant 15 minutes, puis formez un boudin et enroulez-le de papier d'aluminium.

Placez au réfrigérateur pendant 2 heures avant de déguster.

Le conseil d'Emilia

Idéal découpé en fines lamelles pour accompagner une tasse de café après un repas.

Queijadas à l'orange

POUR 4 QUEIJADAS

Préparation : 25 min

Cuisson : 25 min

50 cl de lait demi-écrémé

4 œufs

300 g de sucre

175 g de farine

40 g de beurre + un peu pour le moule

1 orange

1 cuil. à soupe de cannelle en poudre

Préchauffez le four à 200 °C (th. 6-7).

Faites bouillir le lait dans une casserole, puis laissez fondre le beurre à feu doux.

Blanchissez dans un saladier les œufs avec le sucre. Ajoutez la farine et mélangez jusqu'à l'obtention d'une mousse homogène. Ajoutez le jus et le zeste de l'orange, puis le mélange de lait et de beurre.

Beurrez 4 petits moules à gâteaux et remplissez-les de pâte. Enfournez et laissez cuire pendant 25 minutes.

Démoulez, saupoudrez de cannelle et servez aussitôt.

Le conseil d'Emilia

Pour les amateurs de goût acidulé, il est possible de remplacer l'orange par deux citrons.

Torta de amêndoas
Tarte aux amandes

POUR 4-6 PERSONNES (MOULE 22 CM)

Préparation : 30 min

Repos : 2 h

Cuisson : 35 min

Pour la pâte

250 g de farine + un peu pour le plan de travail

125 g de beurre + un peu pour le moule

1 œuf

1 cuil. à soupe de sucre

1 pincée de sel

Pour la garniture

100 g de poudre d'amandes

150 g de sucre

4 œufs

1 citron

4 cuil. à soupe de crème liquide

Préparez la pâte. Mélangez dans un saladier la farine, le beurre, l'œuf, le sucre et le sel jusqu'à l'obtention d'une pâte lisse et homogène.

Laissez reposer 2 heures dans un endroit frais.

Préparez la garniture. Cassez les œufs dans un saladier et battez-les. Ajoutez le sucre et mélangez jusqu'à l'obtention d'une préparation onctueuse et blanche. Ajoutez le jus et le zeste du citron, puis la crème et la poudre d'amandes.

Préchauffez le four à 180 °C (th. 6).

Étalez la pâte sur le plan de travail fariné, à l'aide d'un rouleau à pâtisserie, puis déposez-la dans un moule à tarte préalablement beurré.

Étalez la garniture sur la pâte et enfournez pour 35 minutes.

Le conseil d'Emilia

Gain de temps : quitte à mettre la main à la pâte, pourquoi ne pas faire deux ou trois pâtes en même temps ! Vous pouvez parfaitement les congeler et les sortir pour d'autres occasions.

Arroz doce
Riz au lait

POUR 6 PERSONNES

Préparation : 30 min

Cuisson : 2 h 10

Réfrigération : 1 h 30

125 g de riz rond

1 l de lait demi-écrémé

100 g de sucre

3 gousses de cardamome

1 cuil. à café de curcuma

Lavez le riz dans de l'eau froide.

Portez à ébullition le lait dans une casserole. Ajoutez le sucre et remuez constamment. Lorsque le lait bout de nouveau, ajoutez le riz et les gousses de cardamome fendues.

Couvrez la casserole à moitié et laissez cuire pendant 2 heures à petit feu en remuant de temps en temps. Ajoutez le curcuma hors du feu.

Laissez refroidir au réfrigérateur pendant 1 h 30 avant de déguster.

Le conseil d'Emilia

J'ai tout essayé, rien n'y fait ! Il n'y a pas d'autre solution pour surveiller le lait qui bout que de rester devant. Absentez-vous un instant et vous pouvez être sûr que le lait débordera de la casserole.

Gâteau roulé à l'orange

POUR 6 PERSONNES (MOULE RECTANGULAIRE 47 x 28 CM)

Préparation : 20 min

Cuisson : 25 min

Repos : 10 min

3 oranges
6 œufs
300 g de sucre
2 cuil. à soupe de farine

Préchauffez le four à 170 °C (th. 5-6).

Cassez puis battez les œufs dans un saladier. Ajoutez la farine, puis le jus et le zeste des oranges. Ajoutez le sucre et battez jusqu'à l'obtention d'une préparation mousseuse.

Placez une feuille de papier cuisson dans un moule rectangulaire et versez-y la préparation. Enfournez pour 25 minutes.

Retirez le plat et laissez reposer 10 minutes.

Enroulez délicatement le gâteau et dégustez !

Le conseil d'Emilia

Pour agrémenter ce gâteau, vous pouvez le décorer avec des rondelles d'orange et quelques feuilles de menthe.

Les petits + gourmands

Molho de Alho (sauce à l'ail)

Idéal pour parfumer un poulet grillé

1 tête d'ail, 5 cl d'huile d'olive
5 gouttes de jus de citron
1 cuil. à café de moutarde
1 bouquet de persil
1 bouquet d'origan
1 pincée de poivre
1 pincée de sel

Épluchez les gousses d'ail et mixez-les avec l'huile d'olive, la moutarde, le poivre et le sel.

Ajoutez le jus de citron, les herbes aromatiques hachées et remuez.

Molho verde (sauce verte)

Marinade pour viandes et grillades

1 bouquet de persil
1 cuil. à café de câpres
1 gousse d'ail
2 cuil. à soupe d'huile d'olive
1 cuil. à soupe de vinaigre de vin rouge
1 pincée de poivre
1 pincée de sel

Épluchez et hachez la gousse d'ail.

Hachez le persil et les câpres.

Mélangez le tout avec le vinaigre, l'huile d'olive, le sel et le poivre.

Molho de ervas (sauce aux herbes)

Idéal pour assaisonner le poisson

2 cuil. à café de jus de citron
1 cuil. à café de moutarde
4 branches de persil
4 branches d'origan
4 branches de basilic
5 cl d'huile d'olive
1 pincée de poivre,
1 pincée de sel

Hachez finement les herbes aromatiques.

Dans un bol, mélangez-les avec l'huile d'olive, le citron, la moutarde, le sel et le poivre.

Arroz de tomate (riz à la tomate)

Accompagnement très répandu au Portugal.
Bonne alternative au riz blanc.

POUR 4 PERSONNES

Préparation 5 min
Cuisson 20 min

240 g de riz
480 cl d'eau
2 tomates
½ poivron rouge
1 oignon
1 gousse d'ail
1 feuille de laurier
1 pincée de sel
1 pincée de poivre

Faites bouillir l'eau dans une casserole à part.

Épluchez et hachez l'oignon et l'ail. Dans une autre casserole, faites-les rissoler quelques minutes.

Épluchez les tomates. Coupez les tomates et le poivron en petits dés. Versez le tout dans la casserole comprenant l'oignon et l'ail. Ajoutez la feuille de laurier, le sel, le poivre, puis le riz.

Faites cuire 5 minutes en mélangeant de temps en temps à l'aide d'une cuillère en bois.

Ajoutez l'eau bouillante. Faites cuire 15 minutes à petit feu en remuant de temps en temps.

Marmelada (pâte de coings)

Accompagne souvent le fromage et se consomme beaucoup au petit déjeuner sur les tartines beurrées.

1,25 kg de coings
1 kg de sucre en poudre
1 gousse de vanille

Faites bouillir 1 litre d'eau.

Coupez les coings en quartiers, nettoyez-les et plongez-les dans l'eau bouillante pendant 30 minutes.

Retirez les coings et conservez 40 cl d'eau de cuisson.

Mixez les coings. Ajoutez-y la gousse de vanille fendue et le sucre. Incorporez le tout à l'eau de cuisson qui a été conservée.

Faites chauffer cette préparation jusqu'à ébullition et retirez-la du feu.

Placez la préparation dans un plat creux et recouvrez d'une feuille de papier cuisson.

On peut la conserver deux ou trois mois.

Mesures utiles

1 NOISETTE DE BEURRE =
4 grammes

1 NOIX DE BEURRE = 15 grammes

1 CUILLÈRE À CAFÉ =
→ 5 grammes de sel, sucre ou huile
→ 7 grammes de beurre
→ 0,5 cl de liquide
→ 5 grammes de farine ou de semoule

1 CUILLÈRE À SOUPE =
→ 15 grammes de sucre, farine ou beurre
→ 12 grammes de crème fraîche ou huile
→ 1,5 cl de liquide
→ 3 cuillères à café

1 PINCÉE DE SEL =
0,3 à 0,5 gramme

1 MORCEAU DE SUCRE =
5 grammes

Températures du four

THERMOSTAT	TEMPÉRATURE APPROXIMATIVE
1	30 °C (à peine tiède)
2	60 °C (tiède)
3	90 °C (chaleur très douce)
4	120 °C (chaleur douce)
5	150 °C (chaleur modérée)
6	180 °C (chaleur moyenne)
7	210 °C (assez chaud)
8	240 °C (chaud)
9	270 °C (très chaud)
10	300 °C (chaleur vive)

Index

Dans la même collection

LES TARTES DÉCO
LES GÂTEAUX INVISIBLES
LES DESSERTS GIVRÉS
LES SANDWICHS CAKES
LA PLANCHA
LE QUINOA
LES BOUILLONS
LES DESSERTS DE MAMIE
CUISINE POUR LES GEEKS
SMOOTHIES GOURMANDS
CURRYS VÉGÉTARIENS
GÂTEAUX ÉMOTICÔNES
PLANCHA & PLATS FUMÉS
LES TACOS

Directeur éditorial : **Didier Férat**
Édition : **Émeline Gontier**
Graphisme : **Julia Philipps et Stéphanie Aparicio**
Mise en page et photogravure : **APS-Chromostyle**
Fabrication : **Laurence Duboscq**

Solar | un département place des éditeurs

ISBN : 978-2-263-15222-1
Code éditeur : S15222
Dépôt légal : août 2017
Imprimé en Espagne par Gráficas Estella

FSC www.fsc.org
MIXTE
Issu de sources responsables
FSC® C003309